NOTICE NÉCROLOGIQUE

SUR LE

GÉNÉRAL DE DIVISION

BARON DE SAINT-JOSEPH

———

PARIS

TYPOGRAPHIE E. PANCKOUCKE ET Cⁱᵉ

13, QUAI VOLTAIRE, 13

—

1866.

NOTICE NÉCROLOGIQUE

SUR LE

GÉNÉRAL DE DIVISION

BARON DE SAINT-JOSEPH

———

PARIS

TYPOGRAPHIE E. PANCKOUCKE ET Cie

13, QUAI VOLTAIRE, 13

—

1866

NOTICE NÉCROLOGIQUE

SUR LE

GÉNÉRAL DE DIVISION

BARON DE SAINT-JOSEPH

———

François Anthoine, baron de Saint-Joseph, général de division, grand-officier de la Légion d'honneur, chevalier de Saint-Louis, grand'croix de l'ordre de l'Epée de Suède, commandeur d'Isabelle-la-Catholique, était né à Marseille le 18 février 1787. Il est mort à Paris le 12 mars 1866.

Son père avait été anobli en 1786 par Louis XVI, pour les services qu'il avait rendus au commerce français à Constantinople, en Russie et en Pologne. C'est à lui que sont dus en grande partie les progrès du commerce dans la mer Noire. En 1805, il fut nommé maire de Marseille. Son administration a été signalée par de grands et utiles travaux.

Une sœur de Mme de Saint-Joseph avait épousé le futur roi de Naples et d'Espagne, Joseph Bonaparte, frère de l'Empereur Napoléon Ier; une autre, le futur roi de Suède, le général Bernadotte.

Entré, en 1804, comme volontaire dans le 1er régiment de dragons, puis à l'Ecole militaire de Fontainebleau, le jeune de Saint-Joseph en sortit pour rejoindre à Naples, comme sous-lieutenant, le 25e régiment de chasseurs à cheval. Il fit, en qualité d'aide de camp du maréchal Soult, les campagnes de Prusse et de Pologne, dont il a consigné les souvenirs dans un opuscule intitulé *Journal d'un officier d'état-major*. Il y raconte avec un naturel plein de charme la part qu'il prit et les dangers qu'il courut aux sanglantes affaires de Guttstadt, d'Heilsborg et à la prise des faubourgs de Kœnigsberg. « M. le lieutenant Anthoine, mon « aide de camp, qui a l'honneur de porter des « dépêches à S. M. l'Empereur et Roi et à « Votre Altesse,» écrivait le maréchal au prince de Neufchâtel, «s'est conduit, pendant la der- « nière campagne, de la manière la plus bril--

« lante, et a mérité par la valeur qu'il a mon-
« trée les bonnes grâces de Sa Majesté. Je n'ose
« encore faire en sa faveur la demande de la
« décoration de la Légion d'honneur ; mais, si
« Votre Altesse le jugeait digne de cette ré-
« compense, la juste ambition de tous les mili-
« taires, je la supplierais de présenter à cet
« effet cet intéressant officier à S. M. l'Em-
« pereur et Roi. »

La campagne terminée, il fut chargé d'une
mission à Saint-Pétersbourg. Successivement
envoyé, avec le grade de capitaine, en Espagne
et en Portugal, il y servit constamment à l'a-
vant-garde avec le brave général Franceschi
Delonne, et prit part notamment aux glorieu-
ses affaires d'Osorio, de Braga et de Porto.
Dans cette guerre si terrible, il eut fréquem-
ment l'occasion de se signaler par des traits de
sang-froid, de courage et d'humanité. Le
29 juin 1809, attiré dans une embuscade entre
Toro et Tordesillas, et ayant été fait prisonnier
avec le général Franceschi et le capitaine
Bernard, son aide de camp, il fut, à travers
mille dangers et les plus cruelles vicissitudes,
conduit jusqu'à Grenade et enfermé dans une
tour de l'Alhambra. Echangé au mois d'octo-
bre, il entra au 8e régiment de hussards, alors

en Hollande. Il le quitta en 1811, emportant avec lui les témoignages les plus honorables de son colonel le baron Domon. Il recueillait partout les mêmes suffrages. Il en est un que le hasard lui faisait découvrir après un demi-siècle : c'est une lettre du maréchal Soult au roi d'Espagne, datée de Sonabria, le 26 juin 1809. « Le capitaine de Saint-Joseph, mon « aide de camp, part avec le général Fran-- « ceschi et aura aussi l'honneur de prendre « les ordres de Votre Majesté. Ce brave officier « s'est conduit avec une grande distinction « pendant la campagne, et je ne puis trop en « faire l'éloge. »

Revenu en Espagne, en 1811, comme aide de camp de son beau-frère le maréchal Suchet, duc d'Albufera, il y resta jusqu'à la fin de la guerre. Entré un des premiers par la brèche de Tarragone (1), il porta à l'Empereur la nouvelle de la prise de cette ville, surnommée *la Forte*, et reçut à cette occasion le grade de chef d'escadron (31 juillet 1811), bientôt suivi, pour de nouveaux services, de celui d'officier de la

---

(1) Voir l'*Histoire du Consulat et de l'Empire*, de M. Thiers, où le fait se trouve mentionné. Voir aussi les *Mémoires du duc d'Albufera*.

Légion d'honneur (16 mars 1812). Il avait pris part en effet au siége d'Oropeza et à celui de Sagonte, dont il signa la capitulation : honneur bien mérité, car, à la bataille qui précéda la reddition de la place, c'était lui qui avait dirigé la charge des dragons Napoléon et culbuté la gauche de l'armée de Blake. A l'investissement de Valence, il avait, disent ses états de service, « chargé au milieu d'une colonne ennemie, ramené six prisonniers et contribué à « faire prendre cinq pièces d'artillerie attelées. » Il s'était aussi associé d'une manière toute particulière aux remarquables travaux d'organisation civile et militaire qui ont signalé le séjour du 3e corps en Aragon et en Catalogne.

Nommé colonel en 1814, M. de Saint-Joseph suivit, en 1815, le maréchal Suchet à l'armée des Alpes, qui devait être un des remparts de notre pays contre l'invasion. Mis en non-activité en 1816, il fut appelé en 1818, sous le ministère Gouvion Saint-Cyr, au corps royal d'état-major. En le signalant au ministre, le duc d'Albufera, si bon juge, rappelait les services qu'il avait rendus, les actions auxquelles il avait pris part et le signalait comme ayant toutes les qualités nécessaires pour exercer le commandement. Et dix ans plus tard, le maréchal Macdonald rendait le même témoignage, en demandant pour M. de Saint-Joseph le grade de commandeur de la Légion d'honneur.

Successivement chef d'état-major de la 8e division militaire et sous-aide-major général de la garde royale, le colonel de Saint-Joseph rentra, en 1830, au dépôt de la guerre, où il avait été chargé antérieurement de la section historique et où il remplit par intérim les fonctions de directeur. Promu, en 1832, au grade de maréchal de camp, il eut à la fois, à ce titre, le commandement du département des Pyrénées-Orientales et celui de la première brigade de la division active formée sur la frontière d'Espagne. Chargé à Lyon, en 1840, de la direction d'une brigade d'infanterie, il se montra aussi expert dans le maniement de cette arme que dans celui de la cavalerie, où avaient eu lieu ses débuts. Il se fit remarquer au camp de 1844 par la sûreté, la précision et l'à-propos de ses manœuvres. Il fut, cette même année, nommé lieutenant général, puis placé à la tête de la 13e et de la 9e division (Rennes et Montpellier). Dans ces deux commandements, sa parfaite connaissance des choses militaires, son urbanité, sa

prudence, son application soutenue et un re-
marquable esprit de justice le firent également apprécier des habitants et de l'armée,
qui lui rendait en affection et en respect ce
qu'il ne cessait de faire pour le maintien de la
discipline et le bien-être du soldat.

Dans la carrière si parfaitement remplie du
général de Saint-Joseph, on ne doit pas ou-
blier que le ministère de la guerre, d'accord
avec celui des finances, avait fait appel à son
expérience pour l'organisation militaire des
brigades de douanes et de gardes forestiers.
Sans accroissement de dépenses, une réserve
éventuelle de plus de 30,000 combattants tout
formés, et pour la plupart ayant appartenu à
l'armée active, se trouvait mise à la disposition
du Gouvernement. Ce service n'était pas le
moindre dont s'honorât et s'applaudît l'intel-
ligent et laborieux disciple du chef de l'armée
d'Aragon.

Mis en disponibilité en 1848, puis nommé
membre du comité d'infanterie et presque en
même temps appelé au comité d'état-major,
qu'il eut l'honneur de présider, chargé d'in-
spections générales annuelles jusqu'en 1851,
il fut élevé, à cette époque, par le Prince-Pré-
sident de la République, au grade de grand

officier de la Légion d'honneur, et nommé membre du conseil de l'ordre, ainsi que de la commission des secours viagers aux anciens militaires de la République et de l'Empire.

On peut juger par ce qu'on vient de lire que, jusqu'à la fin de sa carrière, le général de Saint-Joseph s'est entièrement consacré au service du pays et aux intérêts de l'armée, qui était pour lui une famille.

Mais il en avait une autre au sein de laquelle il a trouvé le bonheur dont il était digne. Bien des années se sont écoulées depuis le jour où il épousait Mlle Redon de Belleville, fille du baron de Belleville, ancien préfet, ancien conseiller d'Etat, intendant général du Hanovre et des provinces Illyriennes sous l'Empire : longue période d'une affection mutuelle que la mort vient de briser, mais dont le souvenir sera conservé religieusement dans un cœur aujourd'hui désolé. Plusieurs enfants étaient nés de cette union, qui, au milieu de ses prospérités, eut aussi à subir de tristes épreuves. Un fils, destiné à continuer les plus honorables traditions, s'éteignit, encore dans l'enfance; une jeune fille charmante disparut également de ce monde, laissant après elle de bien vives douleurs; mais, du

moins, deux autres filles, conservées à la ten-
dresse de ceux qui avaient eu à déplorer des
pertes si cruelles, en ont adouci la rigueur
par le culte pieux, on peut dire, dont elles les
ont constamment environnés, par ce dévoue-
ment de tous les jours, de tous les instants,
qui distingue les familles bien unies. Celle du
général de Saint-Joseph était, sous ce rapport,
un modèle qu'on se plaisait à citer. D'honorables alliances étaient venues répondre à tout
ce que le chef de famille pouvait désirer. L'une
de ses filles, en épousant M. Edouard Girod
(de l'Ain), qui a été appelé récemment au
Corps législatif, recevait un nom cher au
conseil d'Etat et à l'armée et dont l'influence
justement acquise a été constatée une fois de
plus par les suffrages à peu près unanimes de
cette élection. L'autre était mariée à M. le baron
de Beauverger, dont le père avait rempli des
fonctions éminentes sous le premier Empire,
et qui lui-même, jeune encore, marquait sa
place au Corps législatif et dans le monde
lettré par des travaux justement appréciés.
C'étaient là pour le général de Saint-Joseph
de grands éléments de bonheur. Les succès de
ceux qu'il aimait à appeler ses enfants, les
études, les progrès d'une autre génération qui

grandissait autour de lui, le développement
de jeunes intelligences qu'il se plaisait à sui-
vre et parfois à diriger, lui apportaient chaque
jour des joies nouvelles. Il vivait heureux et
il méritait de l'être, au sein de la famille et
de l'amitié. Tous ceux qui l'ont connu l'ont
aimé, et rien ne fait mieux son éloge. Il était
bon et affable pour tous; et quand on se rap-
pellera cette physionnomie si douce, si sereine,
si bienveillante, on admirera que ce fût le
même homme qui eût fait preuve dans nos
grandes guerres de tant de courage et d'intré-
pidité.

Bien qu'arrivé à un assez grand âge, rien ne
semblait présager sa fin prochaine. Son esprit
aimable et enjoué restait toujours jeune, et
savait se livrer à des études sérieuses en même
temps qu'au culte des lettres et des arts qu'il
aimait. Dans le monde, où il se plaisait et où
c'était fête de le voir; dans sa famille, dont il
était le lien aimé et respecté, on était heureux d'espérer que cette verte vieillesse se con-
serverait encore longtemps.

Douce illusion tristement évanouie! Le général de Saint-Joseph venait de passer quel-
ques moments avec plusieurs personnes de sa
famille; il n'avait jamais montré plus de gaieté,

plus de liberté d'esprit. Il allait rentrer au milieu des siens, lorsqu'une attaque soudaine a excité les plus vives inquiétudes et bientôt détruit toute espérance. Peu de jours après, il n'était plus; il avait vu de près et souvent la mort dans les combats. Il en a ressenti les approches avec le courage et la résignation d'un soldat, d'un sage, d'un chrétien. Il laisse après lui bien des regrets et de nobles exemples. Il a eu, on peut le dire, une belle place dans l'humanité. Il a servi son pays avec honneur; il est resté, au milieu de ses dignités, ce que la nature l'avait fait, simple et bon. Si, comme tous tant que nous sommes, il a été frappé dans de bien chères affections, d'autres du moins sont demeurées jusqu'à son dernier jour, et elles resteront fidèles à sa mémoire.

A. DE CHEPPE,
ancien maître des requêtes au conseil d'Etat.

Paris. — Typographie E. Panckoucke et Cᵉ, quai Voltaire, 13.